Copyright © 2006 by
FEDERAÇÃO ESPÍRITA BRASILEIRA – FEB

3ª Edição — Impressão pequenas tiragens – 1/2025

ISBN 978-85-7328-740-0

Todos os direitos reservados. Nenhuma parte desta publicação pode ser reproduzida, armazenada ou transmitida, total ou parcialmente, por quaisquer métodos ou processos, sem autorização do detentor do *copyright*.

FEDERAÇÃO ESPÍRITA BRASILEIRA – FEB
SGAN 603 – Conjunto F – Avenida L2 Norte
70830-106 – Brasília (DF) – Brasil
www.febeditora.com.br
editorial@febnet.org.br
+55 61 2101 6161

Pedidos de livros à FEB
Comercial
Tel.: (61) 2101 6161 – comercial@febnet.org.br

Adquirindo esta obra, você está colaborando com as ações de assistência e promoção social da FEB e com o Movimento Espírita na divulgação do Evangelho de Jesus à luz do Espiritismo.

Dados Internacionais de Catalogação na Publicação (CIP)
(Federação Espírita Brasileira – Biblioteca de Obras Raras)

S168t   Salles, Adeilson S. (Adeilson Silva), 1959 —

       Um por todos e todos por um / Adeilson Salles; [ilustrações] Lourival Bandeira de Melo Neto. – 3. ed. – Impressão pequenas tiragens – Brasília: FEB, 2025.

       32 p.; il. Color.; 25 cm.

       ISBN 978-85-7328-740-0

       1. Números – Literatura infantojuvenil brasileira. I. Melo Neto, Lourival Bandeira de. II. Federação Espírita Brasileira. III. Título

CDD 028.5
CDU 087.5
CDE 81.00.00

Ofereço este livro a duas crianças que já não são mais crianças, Vitor e Janaina, pois à medida que foram crescendo, me ensinaram a enxergar com carinho e respeito o universo infantil.

— Zeca, você está de castigo! — gritava o pai —, só vai sair do quarto e voltar a brincar quando sua nota de Matemática melhorar e você for o número 1 da classe, entendeu?

Aborrecido, Zeca respondeu:

— Sim, papai!

A porta fechou-se com estrondo, e Zeca, agarrado ao travesseiro, ficou sem entender o motivo de tanta briga. Afinal de contas, ele só tinha tirado uma nota vermelha em Matemática. Nas outras matérias, as notas foram azuis, mas isto seu pai não considerava.

Roxo de raiva, deitou na cama, apertando o travesseiro.

— Quem inventou o vermelho? — resmungava, muito zangado.

Pegou o controle remoto e ligou a televisão. Imediatamente, ouviu um grito do pai vindo do corredor:

— E nada de televisão e videogame, ouviu? — Chateado, desligou a TV.

Após alguns minutos, ouviu um barulho debaixo da cama. Ficou paralisado. Até a respiração ele prendeu. Ouvia um funga-funga, alguém estava chorando, e o pior, chorando debaixo da sua cama. "E agora, o que fazer?" — pensava.

O seu boneco do Super-Homem estava sobre a cômoda, não podia recorrer a ele. O jeito foi tomar coragem para descobrir o que estava acontecendo.

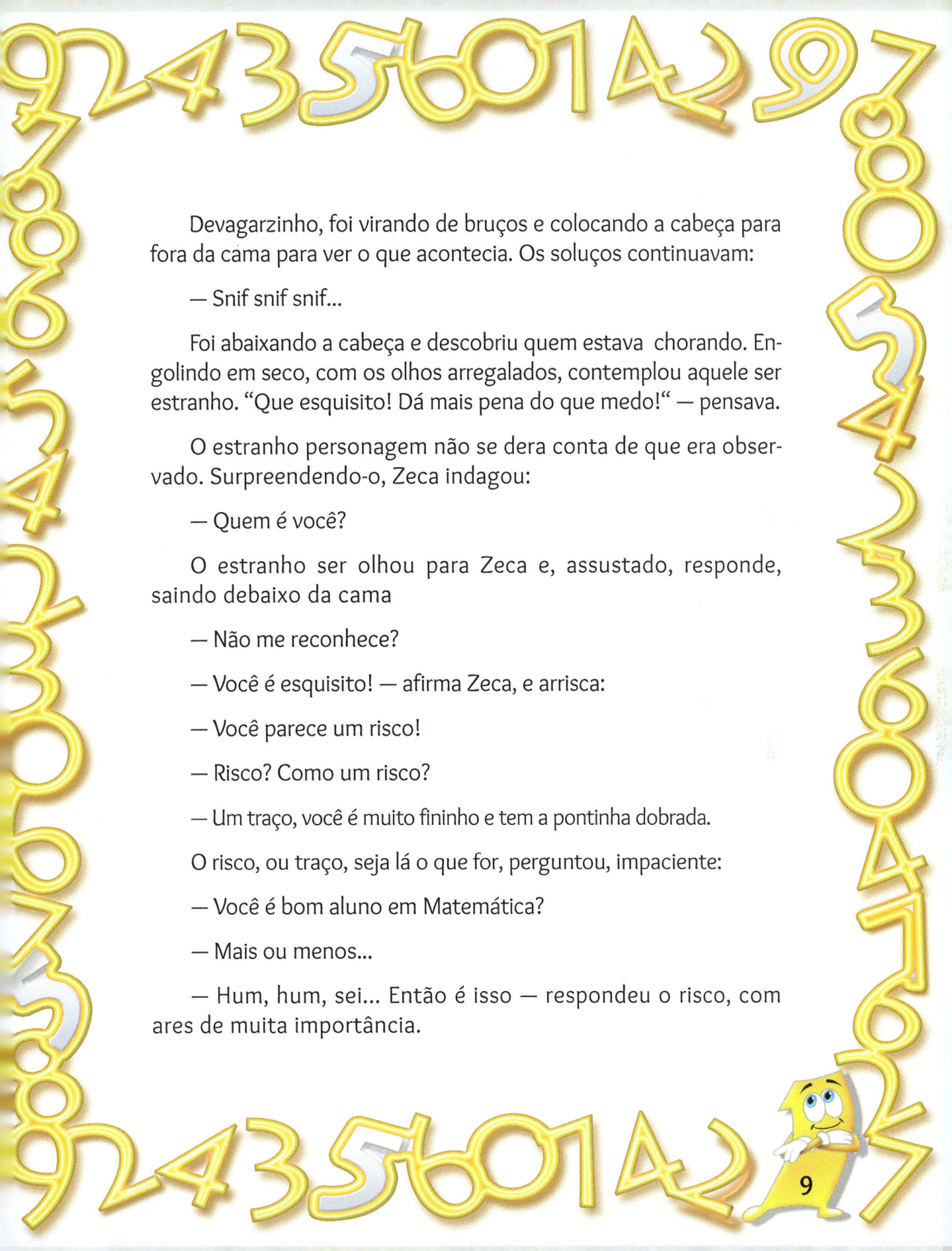

Devagarzinho, foi virando de bruços e colocando a cabeça para fora da cama para ver o que acontecia. Os soluços continuavam:

— Snif snif snif...

Foi abaixando a cabeça e descobriu quem estava chorando. Engolindo em seco, com os olhos arregalados, contemplou aquele ser estranho. "Que esquisito! Dá mais pena do que medo!" — pensava.

O estranho personagem não se dera conta de que era observado. Surpreendendo-o, Zeca indagou:

— Quem é você?

O estranho ser olhou para Zeca e, assustado, responde, saindo debaixo da cama

— Não me reconhece?

— Você é esquisito! — afirma Zeca, e arrisca:

— Você parece um risco!

— Risco? Como um risco?

— Um traço, você é muito fininho e tem a pontinha dobrada.

O risco, ou traço, seja lá o que for, perguntou, impaciente:

— Você é bom aluno em Matemática?

— Mais ou menos...

— Hum, hum, sei... Então é isso — respondeu o risco, com ares de muita importância.

— Quem é você, afinal, fale de uma vez!

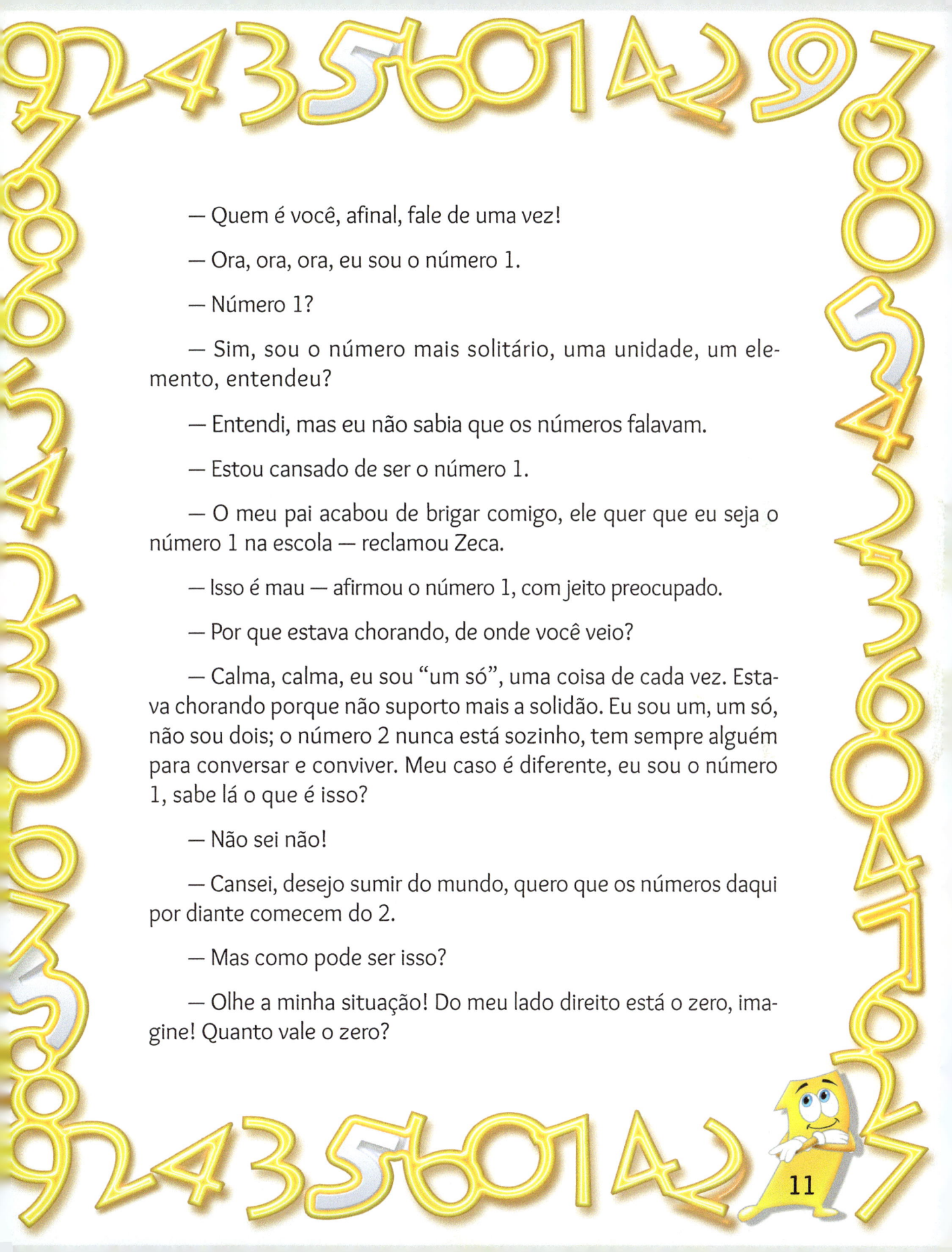

— Ora, ora, ora, eu sou o número 1.

— Número 1?

— Sim, sou o número mais solitário, uma unidade, um elemento, entendeu?

— Entendi, mas eu não sabia que os números falavam.

— Estou cansado de ser o número 1.

— O meu pai acabou de brigar comigo, ele quer que eu seja o número 1 na escola — reclamou Zeca.

— Isso é mau — afirmou o número 1, com jeito preocupado.

— Por que estava chorando, de onde você veio?

— Calma, calma, eu sou "um só", uma coisa de cada vez. Estava chorando porque não suporto mais a solidão. Eu sou um, um só, não sou dois; o número 2 nunca está sozinho, tem sempre alguém para conversar e conviver. Meu caso é diferente, eu sou o número 1, sabe lá o que é isso?

— Não sei não!

— Cansei, desejo sumir do mundo, quero que os números daqui por diante comecem do 2.

— Mas como pode ser isso?

— Olhe a minha situação! Do meu lado direito está o zero, imagine! Quanto vale o zero?

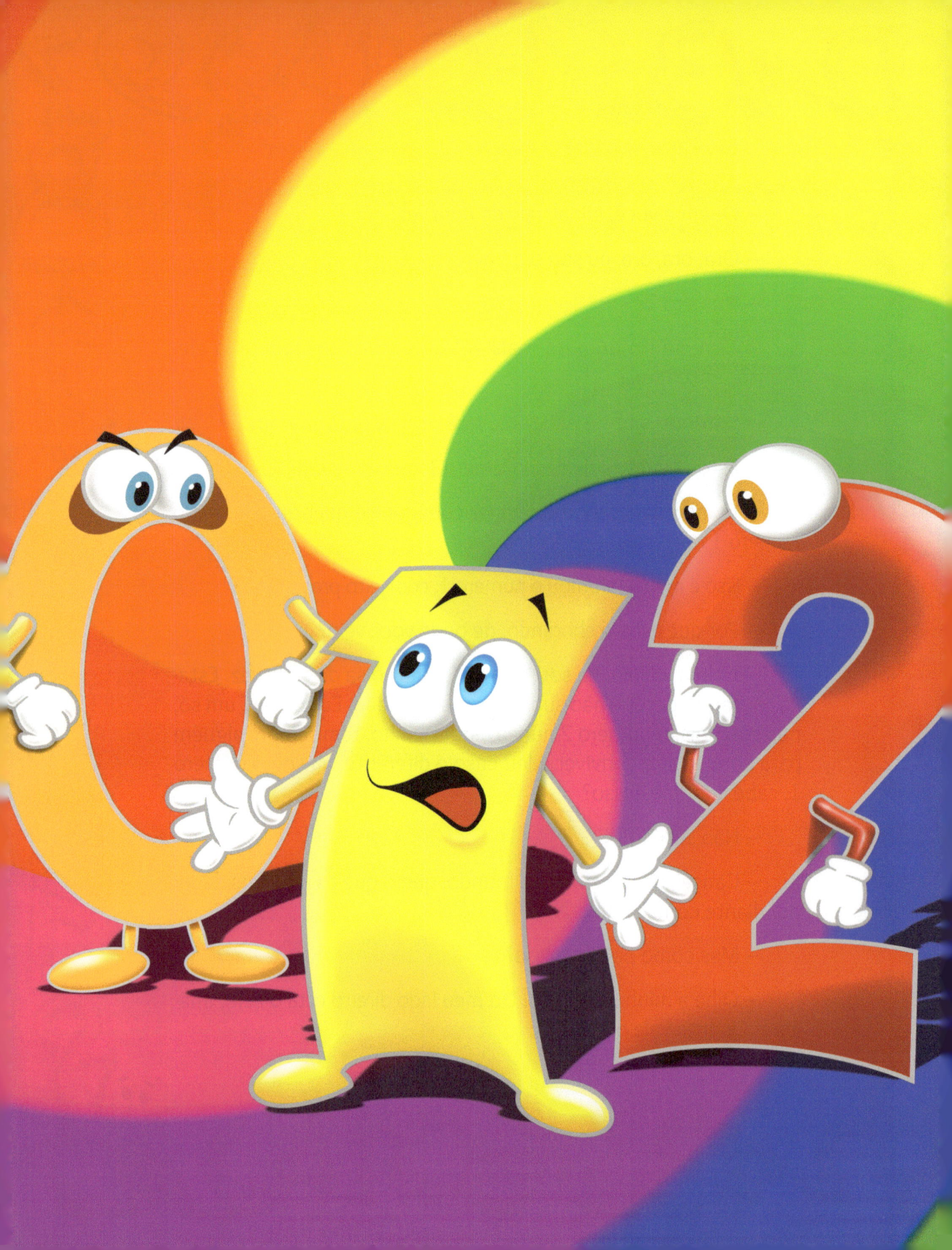

— O zero não vale nada!

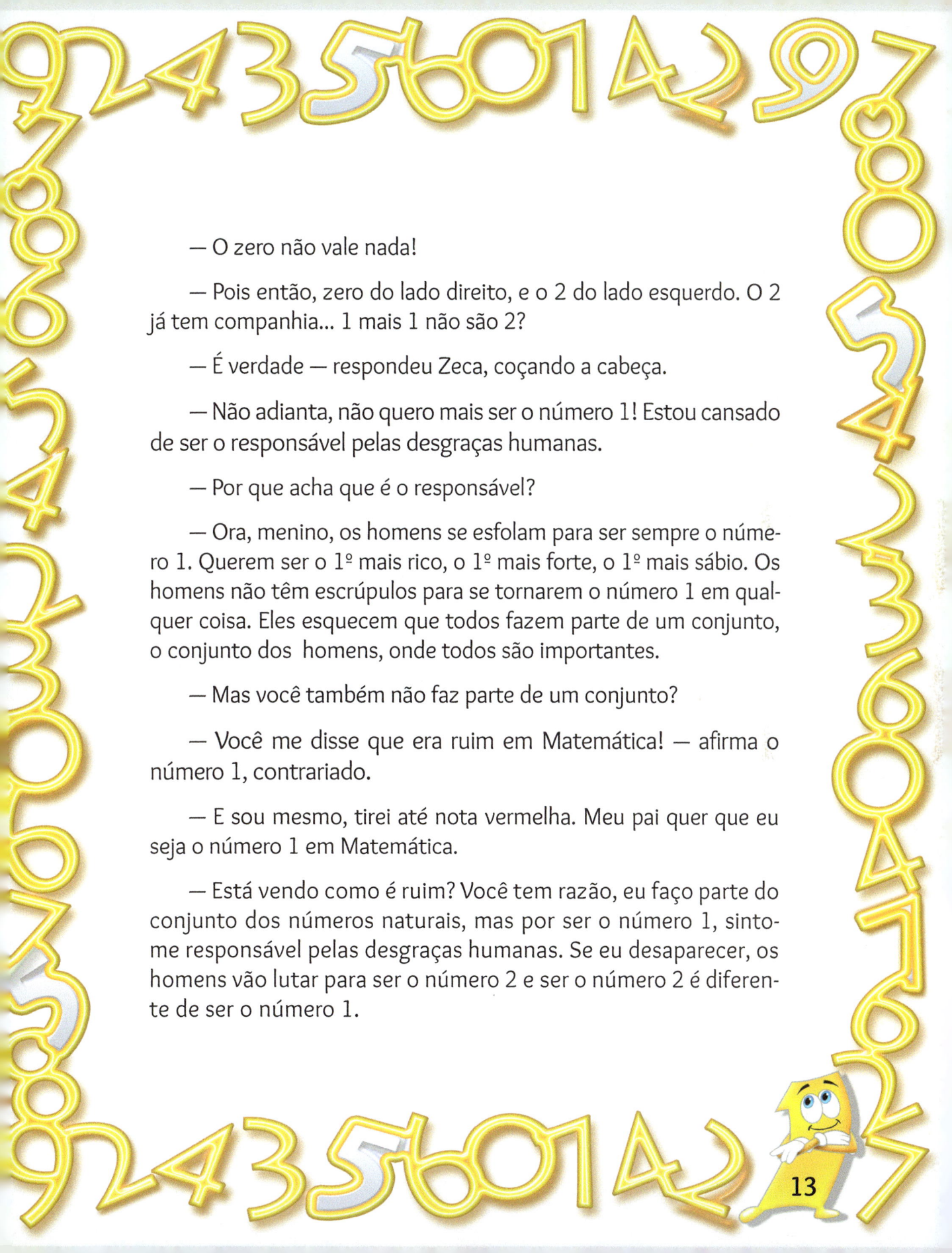

— Pois então, zero do lado direito, e o 2 do lado esquerdo. O 2 já tem companhia... 1 mais 1 não são 2?

— É verdade — respondeu Zeca, coçando a cabeça.

— Não adianta, não quero mais ser o número 1! Estou cansado de ser o responsável pelas desgraças humanas.

— Por que acha que é o responsável?

— Ora, menino, os homens se esfolam para ser sempre o número 1. Querem ser o 1º mais rico, o 1º mais forte, o 1º mais sábio. Os homens não têm escrúpulos para se tornarem o número 1 em qualquer coisa. Eles esquecem que todos fazem parte de um conjunto, o conjunto dos homens, onde todos são importantes.

— Mas você também não faz parte de um conjunto?

— Você me disse que era ruim em Matemática! — afirma o número 1, contrariado.

— E sou mesmo, tirei até nota vermelha. Meu pai quer que eu seja o número 1 em Matemática.

— Está vendo como é ruim? Você tem razão, eu faço parte do conjunto dos números naturais, mas por ser o número 1, sinto-me responsável pelas desgraças humanas. Se eu desaparecer, os homens vão lutar para ser o número 2 e ser o número 2 é diferente de ser o número 1.

— Afinal, o que você quer ser?

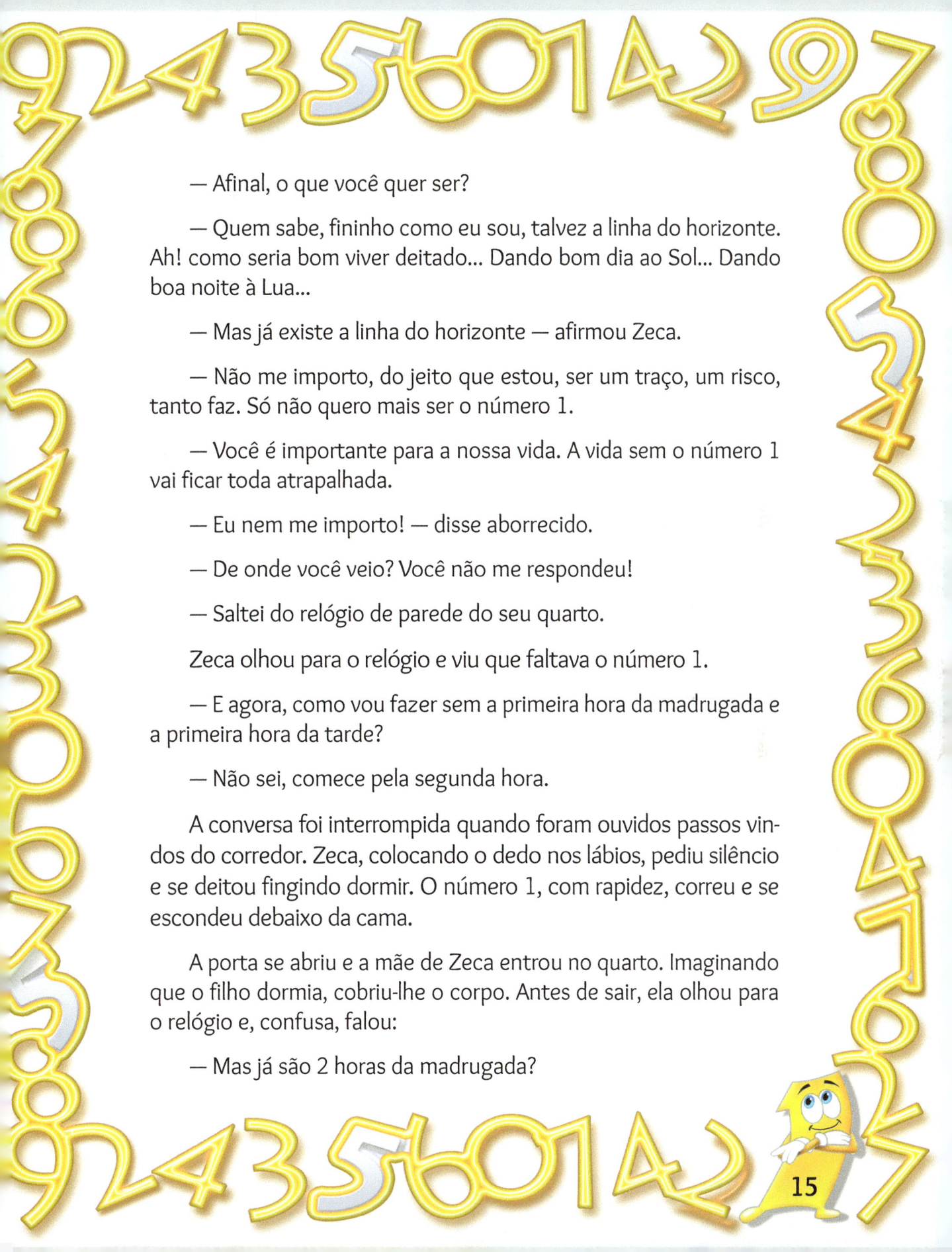

— Quem sabe, fininho como eu sou, talvez a linha do horizonte. Ah! como seria bom viver deitado... Dando bom dia ao Sol... Dando boa noite à Lua...

— Mas já existe a linha do horizonte — afirmou Zeca.

— Não me importo, do jeito que estou, ser um traço, um risco, tanto faz. Só não quero mais ser o número 1.

— Você é importante para a nossa vida. A vida sem o número 1 vai ficar toda atrapalhada.

— Eu nem me importo! — disse aborrecido.

— De onde você veio? Você não me respondeu!

— Saltei do relógio de parede do seu quarto.

Zeca olhou para o relógio e viu que faltava o número 1.

— E agora, como vou fazer sem a primeira hora da madrugada e a primeira hora da tarde?

— Não sei, comece pela segunda hora.

A conversa foi interrompida quando foram ouvidos passos vindos do corredor. Zeca, colocando o dedo nos lábios, pediu silêncio e se deitou fingindo dormir. O número 1, com rapidez, correu e se escondeu debaixo da cama.

A porta se abriu e a mãe de Zeca entrou no quarto. Imaginando que o filho dormia, cobriu-lhe o corpo. Antes de sair, ela olhou para o relógio e, confusa, falou:

— Mas já são 2 horas da madrugada?

A porta se fechou.

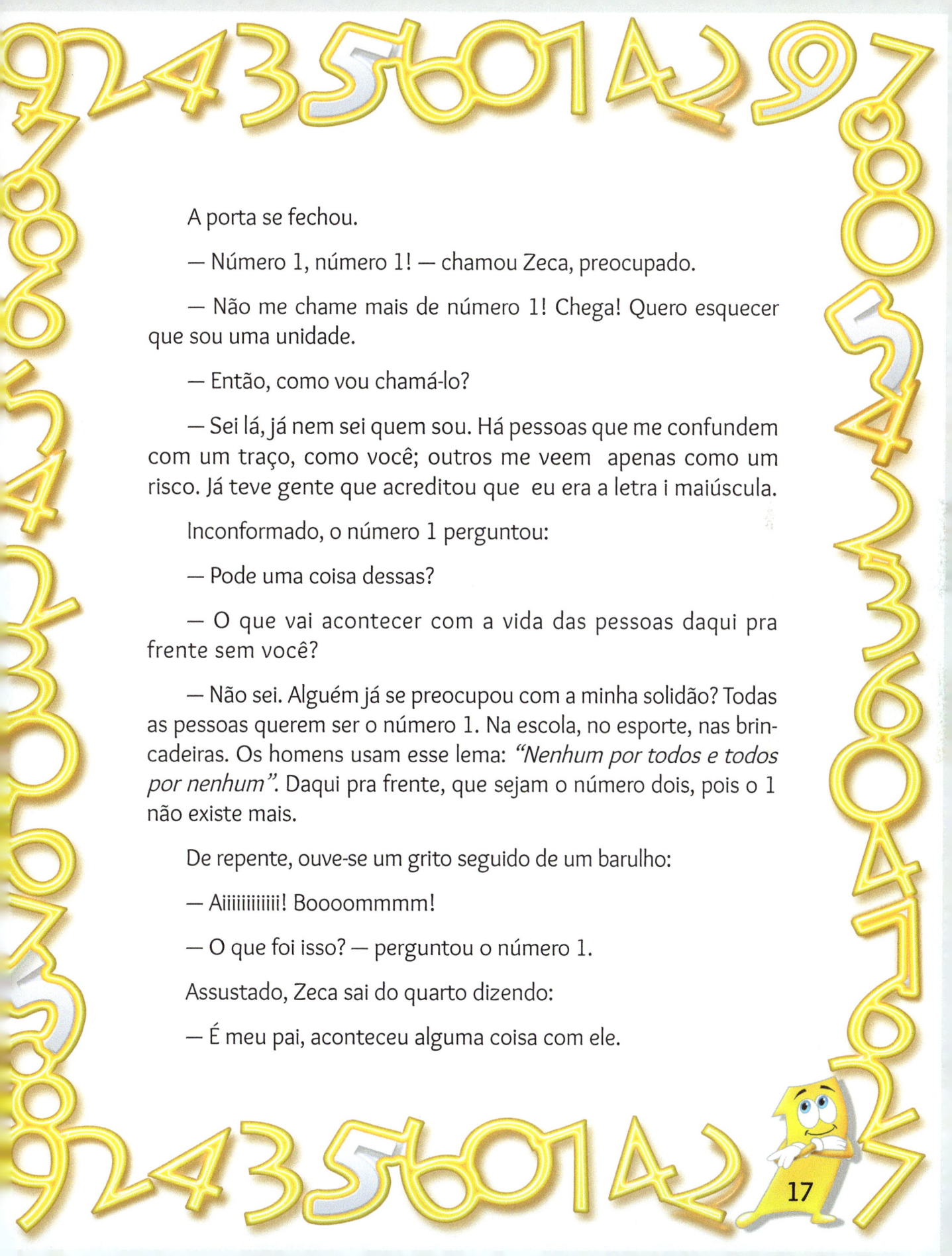

— Número 1, número 1! — chamou Zeca, preocupado.

— Não me chame mais de número 1! Chega! Quero esquecer que sou uma unidade.

— Então, como vou chamá-lo?

— Sei lá, já nem sei quem sou. Há pessoas que me confundem com um traço, como você; outros me veem apenas como um risco. Já teve gente que acreditou que eu era a letra i maiúscula.

Inconformado, o número 1 perguntou:

— Pode uma coisa dessas?

— O que vai acontecer com a vida das pessoas daqui pra frente sem você?

— Não sei. Alguém já se preocupou com a minha solidão? Todas as pessoas querem ser o número 1. Na escola, no esporte, nas brincadeiras. Os homens usam esse lema: *"Nenhum por todos e todos por nenhum"*. Daqui pra frente, que sejam o número dois, pois o 1 não existe mais.

De repente, ouve-se um grito seguido de um barulho:

— Aiiiiiiiiiii! Boooommmm!

— O que foi isso? — perguntou o número 1.

Assustado, Zeca sai do quarto dizendo:

— É meu pai, aconteceu alguma coisa com ele.

Zeca morava em uma casa alta com degraus. Chegando à porta da sala, viu seu pai, muito nervoso, levantando-se do chão.

— O que foi, papai?

— O primeiro degrau sumiu. Onde ele foi parar? Estão acontecendo coisas estranhas nessa casa. O número 1 do relógio sumiu, o número 1 das teclas do telefone também desapareceu. O meu canal de esportes número 1 saiu do ar. Será que estou ficando maluco?

Zeca olhou para o calendário e percebeu que o mês agora tinha 29 dias, pois começava pelo número 2. Assustado, voltou correndo para o quarto. Trancou a porta e chamou o número 1:

— Número 1, número 1, volte para o relógio de parede!

— De jeito nenhum! Psiuuu... Não vê que estou descansando? Desde a época de Pitágoras sou manipulado pelos homens. Agora chega, preciso descansar.

— Você está atrapalhando muito a vida das pessoas. O meu pai levou um tombo. O primeiro degrau da escada sumiu. Por que isso?

Demonstrando enfado para responder, o numerozinho, revoltado, afirmou:

— Esqueci de lhe dizer que tudo que tiver relação com o número 1 some com a minha saída da Matemática.

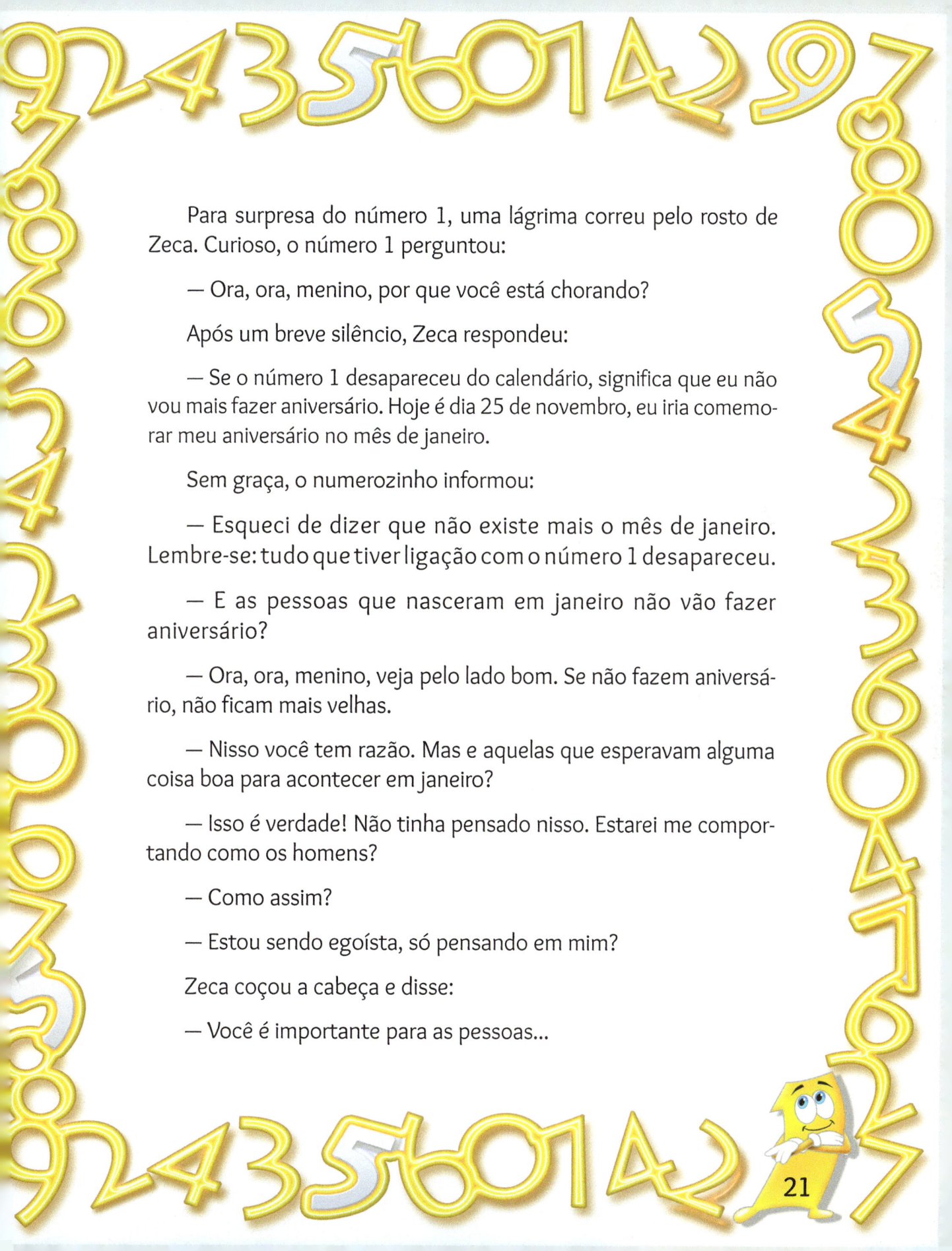

Para surpresa do número 1, uma lágrima correu pelo rosto de Zeca. Curioso, o número 1 perguntou:

— Ora, ora, menino, por que você está chorando?

Após um breve silêncio, Zeca respondeu:

— Se o número 1 desapareceu do calendário, significa que eu não vou mais fazer aniversário. Hoje é dia 25 de novembro, eu iria comemorar meu aniversário no mês de janeiro.

Sem graça, o numerozinho informou:

— Esqueci de dizer que não existe mais o mês de janeiro. Lembre-se: tudo que tiver ligação com o número 1 desapareceu.

— E as pessoas que nasceram em janeiro não vão fazer aniversário?

— Ora, ora, menino, veja pelo lado bom. Se não fazem aniversário, não ficam mais velhas.

— Nisso você tem razão. Mas e aquelas que esperavam alguma coisa boa para acontecer em janeiro?

— Isso é verdade! Não tinha pensado nisso. Estarei me comportando como os homens?

— Como assim?

— Estou sendo egoísta, só pensando em mim?

Zeca coçou a cabeça e disse:

— Você é importante para as pessoas...

Neste instante, eles foram interrompidos.

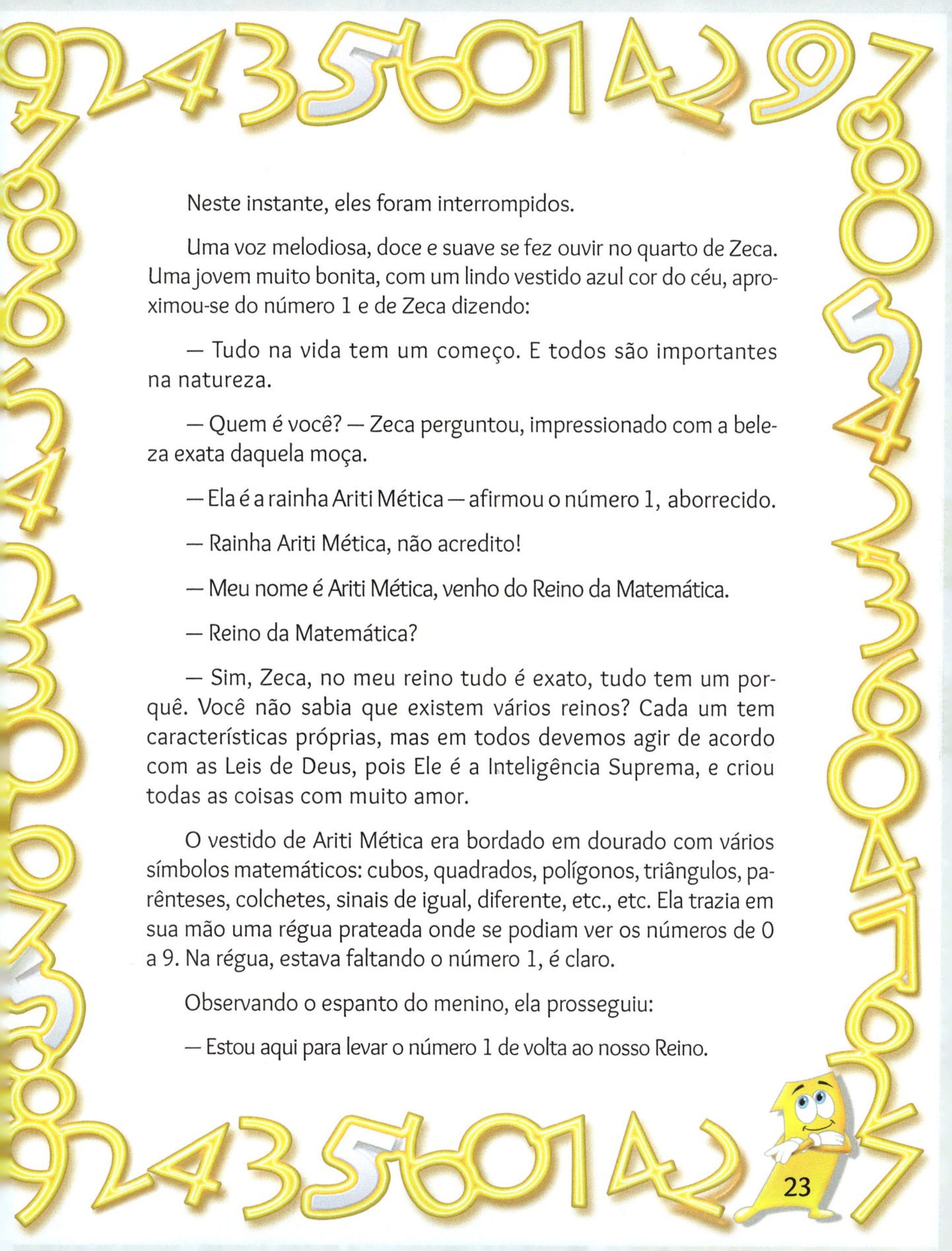

Uma voz melodiosa, doce e suave se fez ouvir no quarto de Zeca. Uma jovem muito bonita, com um lindo vestido azul cor do céu, aproximou-se do número 1 e de Zeca dizendo:

— Tudo na vida tem um começo. E todos são importantes na natureza.

— Quem é você? — Zeca perguntou, impressionado com a beleza exata daquela moça.

— Ela é a rainha Ariti Mética — afirmou o número 1, aborrecido.

— Rainha Ariti Mética, não acredito!

— Meu nome é Ariti Mética, venho do Reino da Matemática.

— Reino da Matemática?

— Sim, Zeca, no meu reino tudo é exato, tudo tem um porquê. Você não sabia que existem vários reinos? Cada um tem características próprias, mas em todos devemos agir de acordo com as Leis de Deus, pois Ele é a Inteligência Suprema, e criou todas as coisas com muito amor.

O vestido de Ariti Mética era bordado em dourado com vários símbolos matemáticos: cubos, quadrados, polígonos, triângulos, parênteses, colchetes, sinais de igual, diferente, etc., etc. Ela trazia em sua mão uma régua prateada onde se podiam ver os números de 0 a 9. Na régua, estava faltando o número 1, é claro.

Observando o espanto do menino, ela prosseguiu:

— Estou aqui para levar o número 1 de volta ao nosso Reino.

— Não vou voltar! — afirmou a unidade revoltada.

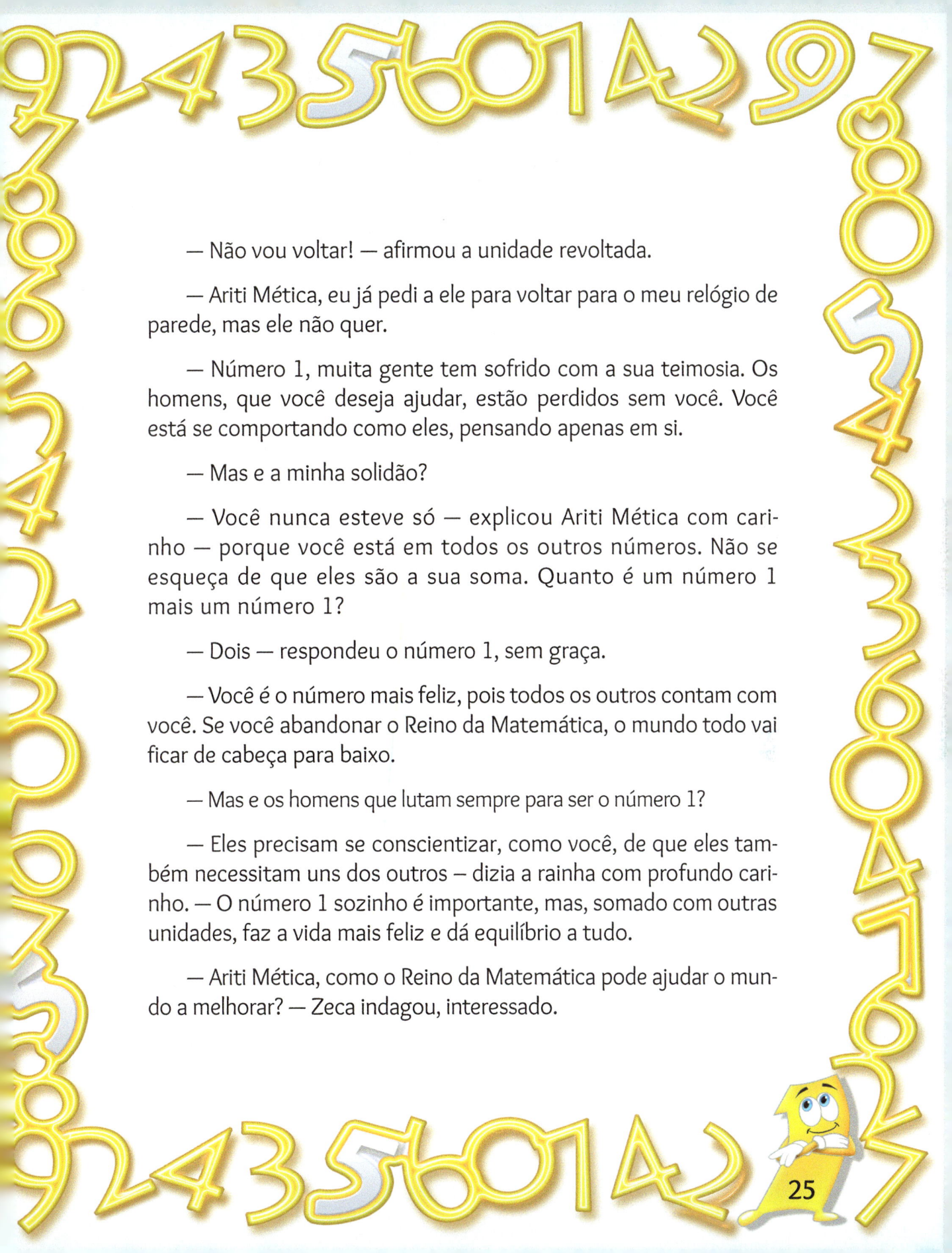

— Ariti Mética, eu já pedi a ele para voltar para o meu relógio de parede, mas ele não quer.

— Número 1, muita gente tem sofrido com a sua teimosia. Os homens, que você deseja ajudar, estão perdidos sem você. Você está se comportando como eles, pensando apenas em si.

— Mas e a minha solidão?

— Você nunca esteve só — explicou Ariti Mética com carinho — porque você está em todos os outros números. Não se esqueça de que eles são a sua soma. Quanto é um número 1 mais um número 1?

— Dois — respondeu o número 1, sem graça.

— Você é o número mais feliz, pois todos os outros contam com você. Se você abandonar o Reino da Matemática, o mundo todo vai ficar de cabeça para baixo.

— Mas e os homens que lutam sempre para ser o número 1?

— Eles precisam se conscientizar, como você, de que eles também necessitam uns dos outros — dizia a rainha com profundo carinho. — O número 1 sozinho é importante, mas, somado com outras unidades, faz a vida mais feliz e dá equilíbrio a tudo.

— Ariti Mética, como o Reino da Matemática pode ajudar o mundo a melhorar? — Zeca indagou, interessado.

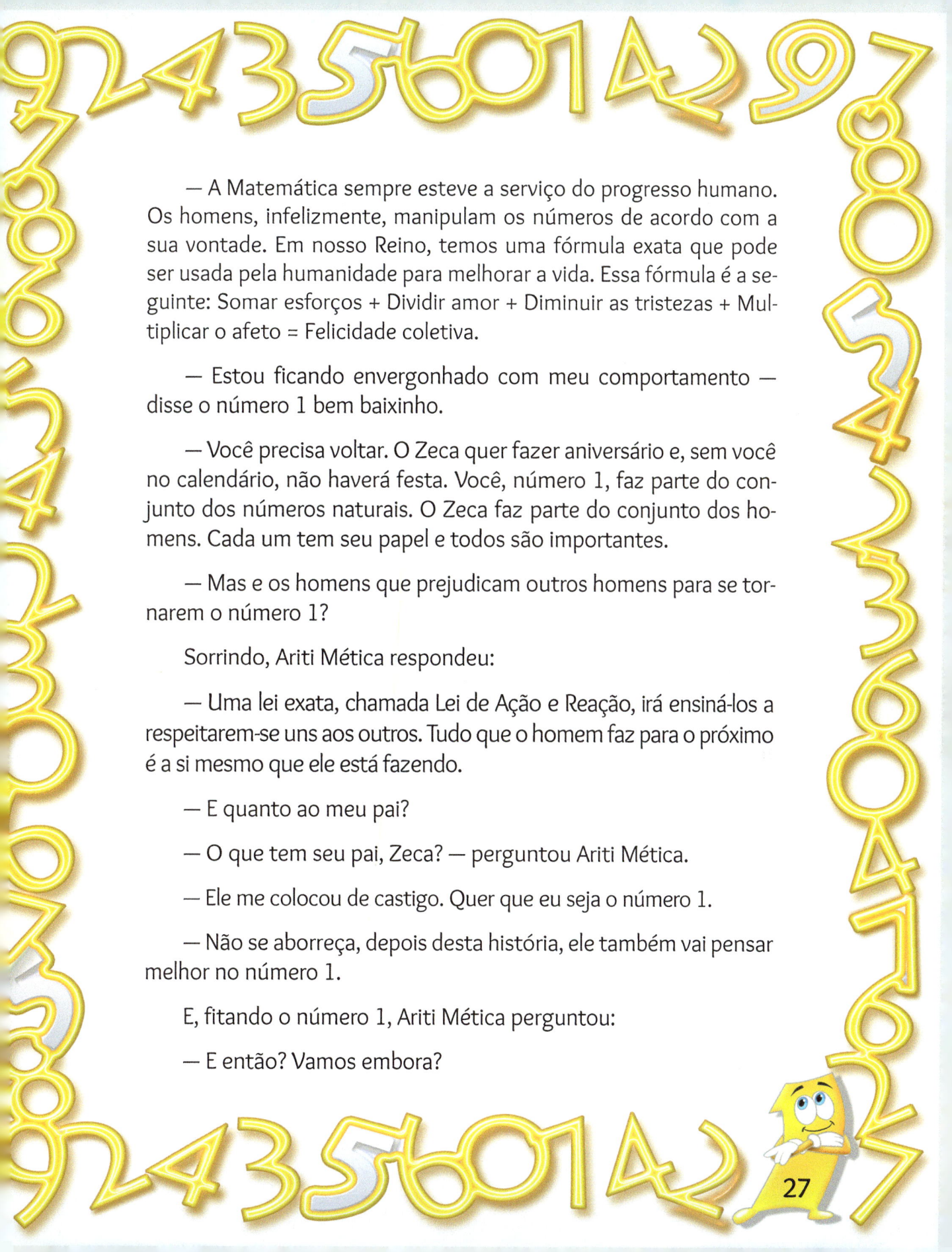

— A Matemática sempre esteve a serviço do progresso humano. Os homens, infelizmente, manipulam os números de acordo com a sua vontade. Em nosso Reino, temos uma fórmula exata que pode ser usada pela humanidade para melhorar a vida. Essa fórmula é a seguinte: Somar esforços + Dividir amor + Diminuir as tristezas + Multiplicar o afeto = Felicidade coletiva.

— Estou ficando envergonhado com meu comportamento — disse o número 1 bem baixinho.

— Você precisa voltar. O Zeca quer fazer aniversário e, sem você no calendário, não haverá festa. Você, número 1, faz parte do conjunto dos números naturais. O Zeca faz parte do conjunto dos homens. Cada um tem seu papel e todos são importantes.

— Mas e os homens que prejudicam outros homens para se tornarem o número 1?

Sorrindo, Ariti Mética respondeu:

— Uma lei exata, chamada Lei de Ação e Reação, irá ensiná-los a respeitarem-se uns aos outros. Tudo que o homem faz para o próximo é a si mesmo que ele está fazendo.

— E quanto ao meu pai?

— O que tem seu pai, Zeca? — perguntou Ariti Mética.

— Ele me colocou de castigo. Quer que eu seja o número 1.

— Não se aborreça, depois desta história, ele também vai pensar melhor no número 1.

E, fitando o número 1, Ariti Mética perguntou:

— E então? Vamos embora?

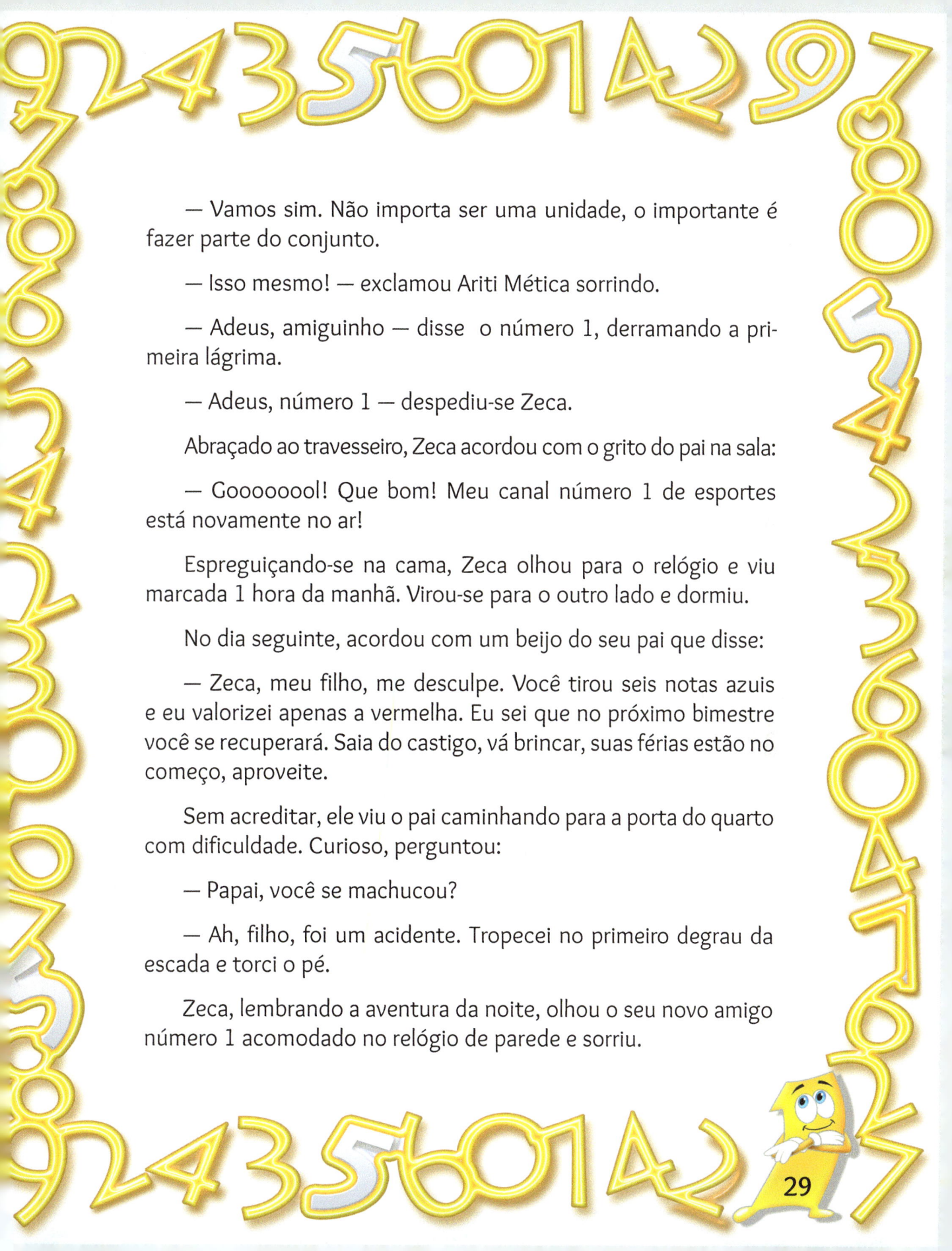

— Vamos sim. Não importa ser uma unidade, o importante é fazer parte do conjunto.

— Isso mesmo! — exclamou Ariti Mética sorrindo.

— Adeus, amiguinho — disse o número 1, derramando a primeira lágrima.

— Adeus, número 1 — despediu-se Zeca.

Abraçado ao travesseiro, Zeca acordou com o grito do pai na sala:

— Goooooool! Que bom! Meu canal número 1 de esportes está novamente no ar!

Espreguiçando-se na cama, Zeca olhou para o relógio e viu marcada 1 hora da manhã. Virou-se para o outro lado e dormiu.

No dia seguinte, acordou com um beijo do seu pai que disse:

— Zeca, meu filho, me desculpe. Você tirou seis notas azuis e eu valorizei apenas a vermelha. Eu sei que no próximo bimestre você se recuperará. Saia do castigo, vá brincar, suas férias estão no começo, aproveite.

Sem acreditar, ele viu o pai caminhando para a porta do quarto com dificuldade. Curioso, perguntou:

— Papai, você se machucou?

— Ah, filho, foi um acidente. Tropecei no primeiro degrau da escada e torci o pé.

Zeca, lembrando a aventura da noite, olhou o seu novo amigo número 1 acomodado no relógio de parede e sorriu.

Conselho Editorial:
Carlos Roberto Campetti
Cirne Ferreira de Araújo
Evandro Noleto Bezerra
Geraldo Campetti Sobrinho – Coord. Editorial
Jorge Godinho Barreto Nery – Presidente
Maria de Lourdes Pereira de Oliveira
Miriam Lúcia Herrera Masotti Dusi

Produção Editorial:
Elizabete de Jesus Moreira

Revisão:
Rosiane Dias Rodrigues

Capa:
Lourival Bandeira de Melo Neto

Diagramação:
Isis F. de Albuquerque Cavalcante

Ilustrações:
Lourival Bandeira de Melo Neto

Normalização Técnica:
Biblioteca de Obras Raras e Documentos Patrimoniais do Livro

Esta edição foi impressa no sistema de Impressão pequenas tiragens, em formato fechado de 200x250 mm. Os papéis utilizados foram o Couché fosco 90 g/m² para o miolo e o Cartão 250 g/m² para a capa. O texto principal foi composto em fonte Overlock 14/16. Impresso no Brasil. *Presita en Brazilo.*